Nature & Art Editions

Incrível mandalas de animais

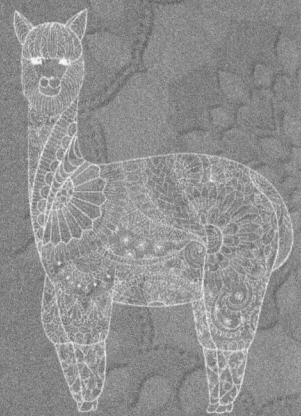

LIVRO DE COLORIR PARA OS AMANTES DA NATUREZA

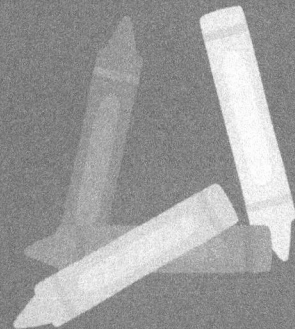

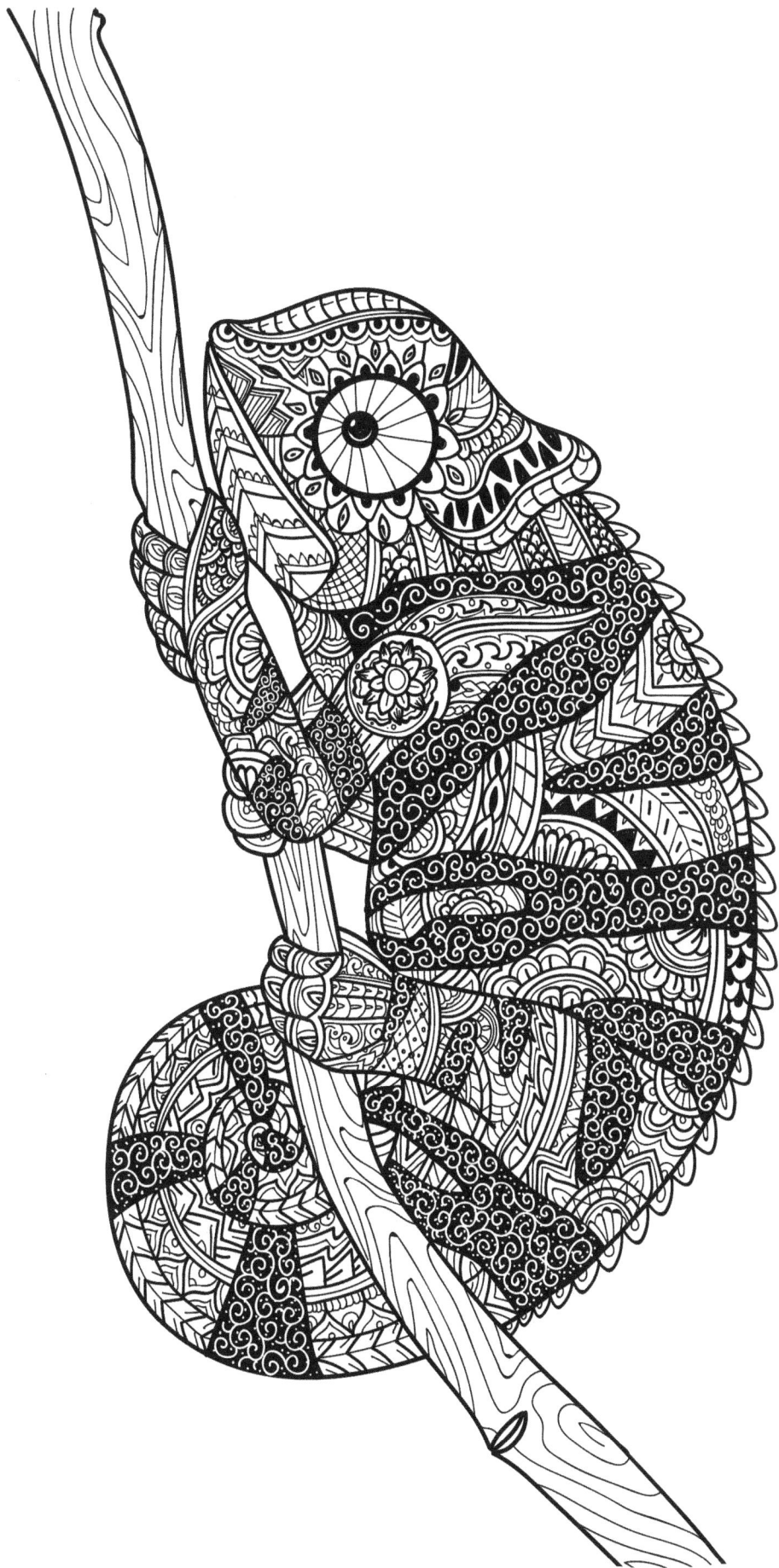

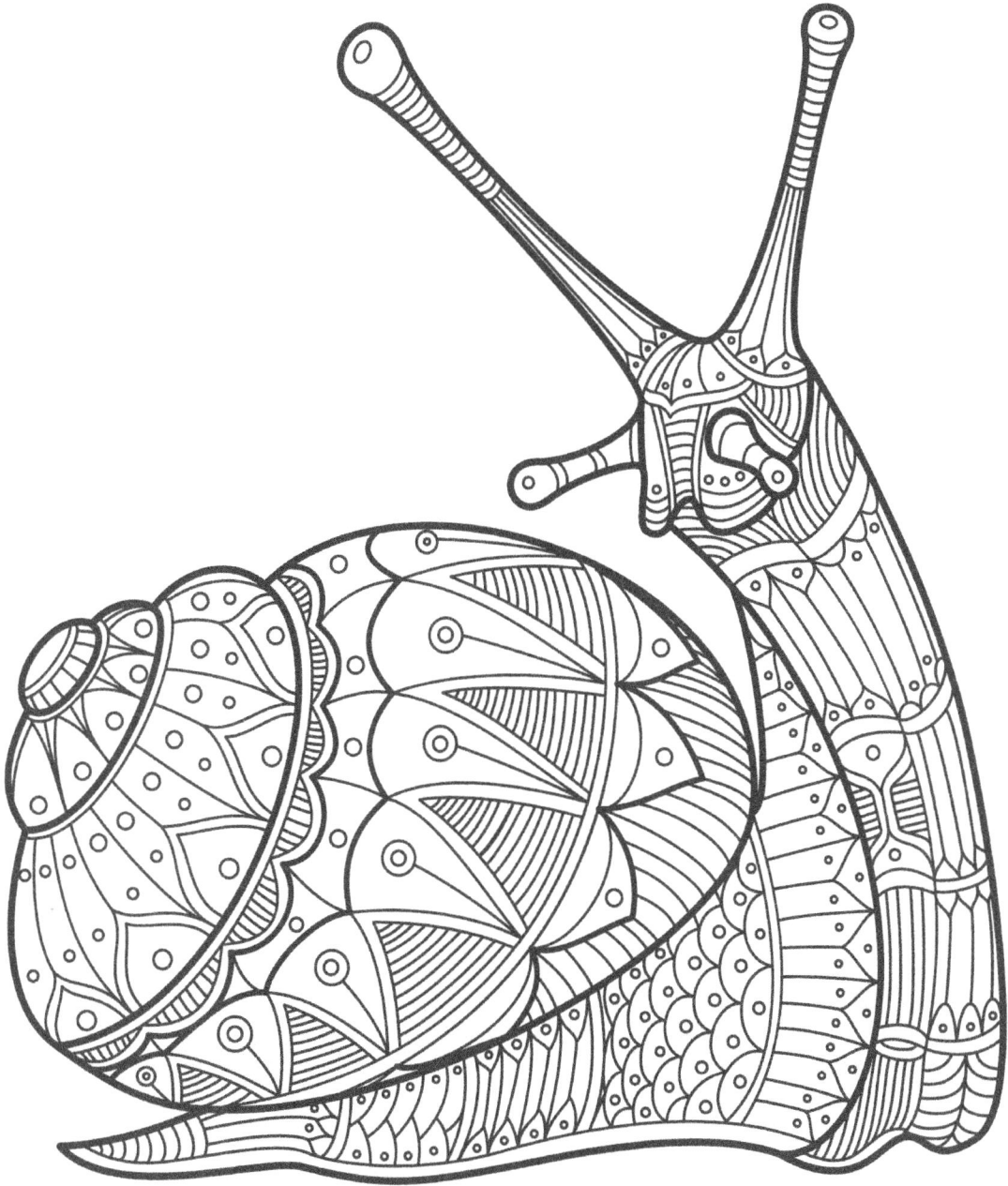

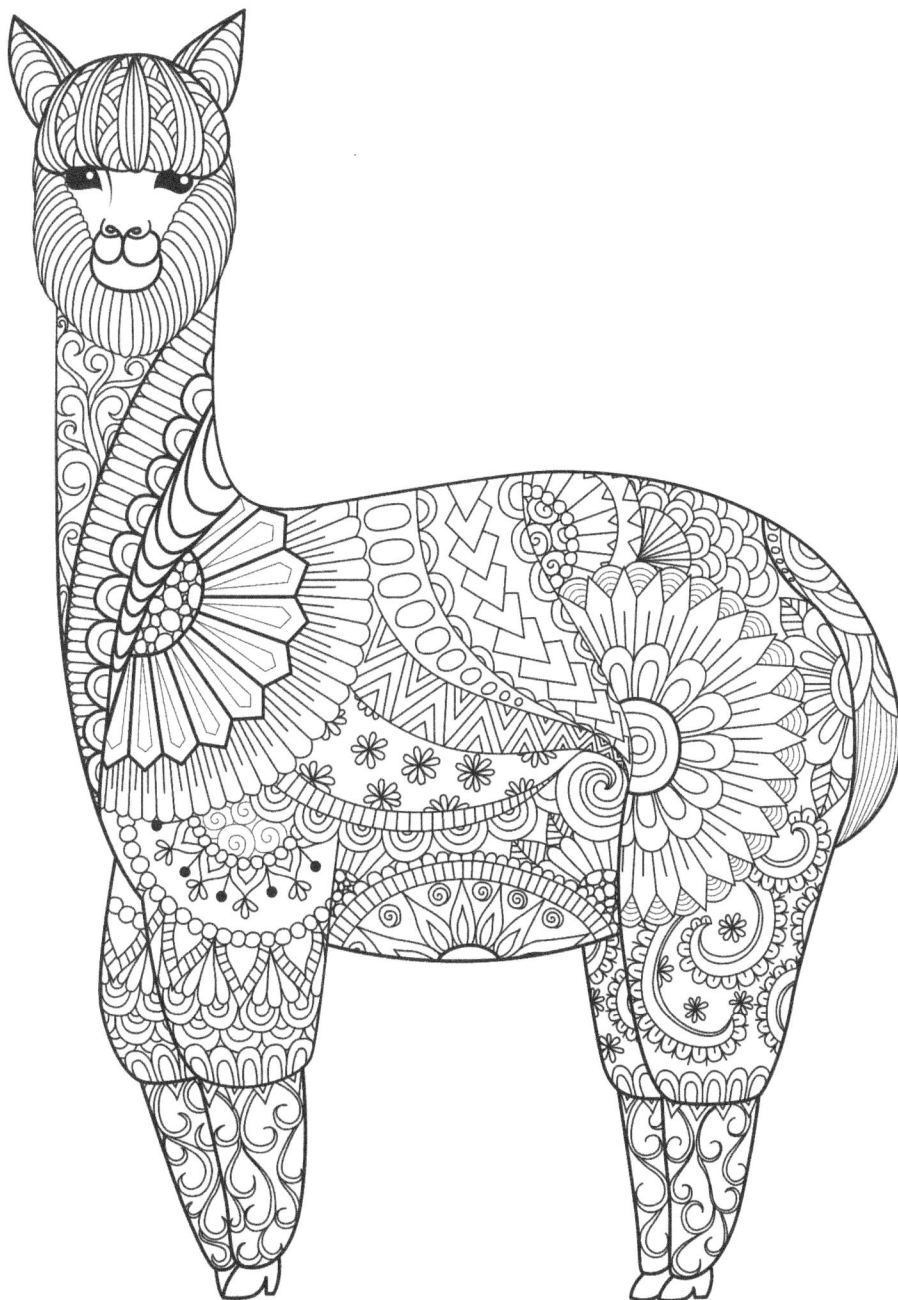

CPSIA information can be obtained
at www.ICGtesting.com
Printed in the USA
LVHW060113120423
744131LV00005B/84